会读韩国语只需 60分

韩国语字母 超速记忆法

중국인을 위한
한글 읽기 **60분**
OK

曹喜澈·曹喜俊 编著
张近平 编审

동양b**㏇**ks

初판 발행 | 2012년 4월 20일
初판 인쇄 | 2012년 4월 25일

编　著 | 曹喜澈 · 曹喜俊
编　审 | 张近平
발행인 | 김태웅
총　괄 | 권혁주
기　획 | 조희준
편　집 | 조희준, 도진경
디자인 | 안성민, 이호영
녹　음 | 이영아
마케팅 | 정상석, 서재욱, 장영임, 김귀찬, 왕성석, 김철영
제　작 | 현대순

발행처 | 동양북스
등록 | 제 10-806호(1993년 4월 3일)
주소 | 서울시 마포구 서교동 463-16호 (121-842)
전화 | (02)337-1737
팩스 | (02)334-6624
웹사이트 | http://www.dongyangbooks.com
　　　　　 http://www.dongyangTV.com

ISBN 978-89-8300-921-0 13710

症状：不会读韩文字母

对象：需短时间内会读韩语字母的人

出生年月日：不重要

处方：到达韩国一小时前，读这本书。

本教材按照中国人的发音原则标记。

韩语键盘图

Consonants

ㅃ ← shift key & ㅂ
ㅉ ← shift key & ㅈ
ㄸ ← shift key & ㄷ
ㄲ ← shift key & ㄱ
ㅆ ← shift key & ㅅ

Vowels

ㅒ ← shift key & ㅐ
ㅖ ← shift key & ㅔ

目 次

是一本学好汉语字母的最捷径的教材。

 **韩语的母音「丨」**

数字「1」和韩语字母「丨」的样子很相近吧！

「丨」这就是韩语字母的母音之一。诸位看看怎么读这个字呢?

丨 (이)   1 (yi)

这个母音「丨」就念[yi]，与汉语拼音的[yi]相似。

各位看看数字「1」和韩语字母「丨」竟然如此相像。

是第一本按容易背的循序来排列的最初的教材。

通过照片，轻松学。

어머니 e'meni（妈妈）

단어 dan'e（单词）

用模样相似的实物来让掌握韩语字母变得容易。

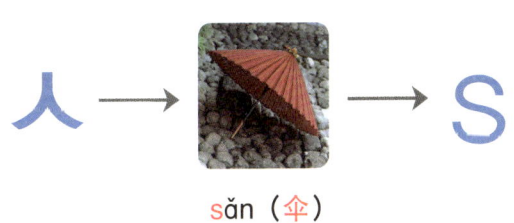

săn（伞）

1. 韩语里所有的「ㅣ」读成[i(yi)], 不要读成汉语拼音[zi、ci、si]的[i]。

$$人 + ㅣ = 시$$
$$s \quad\quad i \quad\quad si$$

2. 韩语里所有的「ㅡ」读成[ï], 与汉语拼音中[zi、ci、si]的韵母的发音。练习时可先发[zi], 然后, 舌尖稍微往后缩, 这时就可发出「ㅡ」。找到感觉后可直接发音「ㅡ」。

$$○ \longrightarrow \underline{\quad} \longrightarrow 으$$
$$- \quad\quad -ï \quad\quad -ï$$

3. 韩语里所有的「ㅓ」读成[de、te、ne、le]的韵母的发音, 不要读成汉语拼音[ei]的[e]。

$$ㄱ \longrightarrow ㅓ \longrightarrow 거$$
$$g \quad\quad e \quad\quad ge$$

4. 韩语里的「예」读成[i+e], 这时的[e]读成汉语拼音[ei]的[e]。

$$○ \longrightarrow ㅖ \longrightarrow 예$$
$$- \quad\quad ie \quad\quad ye$$

5. 韩语文字中有两个母音同时出现的现象, 但这种情况下, 能做第一个母音的只有오、우、으。오和우标记为[w]。

$$와 = 오 + 아 = [wa]$$
$$o \to w \quad\quad a$$

'Hangeul' 是指韩国人使用的文字。1443年由朝鲜王朝第4位皇帝——世宗大王创作的。韩文有24个字母，其中14个是子音，其余的10个是母音。

单子音 ㄱ ㄴ ㄷ ㄹ ㅁ ㅂ ㅅ ㅇ ㅈ ㅊ ㅋ ㅌ ㅍ ㅎ
单母音 ㅏ ㅑ ㅓ ㅕ ㅗ ㅛ ㅜ ㅠ ㅡ ㅣ

双子音 ㄲ ㄸ ㅃ ㅆ ㅉ
双母音 ㅐ ㅒ ㅔ ㅖ ㅘ ㅙ ㅚ ㅝ ㅞ ㅟ

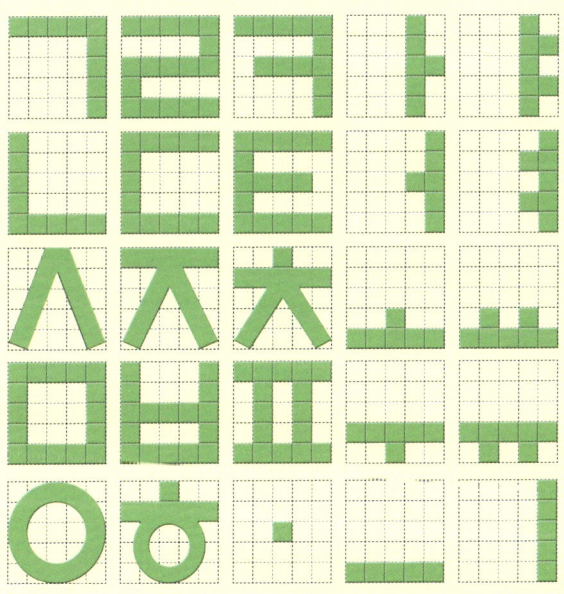

　　韩语是拼音语言，由基本母音(元音)、基本子音(辅音)、合成母音(元音)、合成子音(辅音)和收音所构成。子音(辅音)无法单独发音，必须借助母音(元音)，母音(元音)可以单独发音，但是不能独立成字，必须借助子音(辅音)中的「ㅇ[이응]」来形成一个完整的字。现在我们就来认识一下这些韩文的字母吧。

第 **1** 章

母音和子音

韩语的母音「ㅣ」

01

数字「1」和韩语字母「ㅣ」的样子很相近吧！

「ㅣ」这就是韩语字母的母音之一。诸位看看怎么读这个字呢？

ㅣ (이)　　　1 (yi)

这个母音「ㅣ」就念[yi]，与汉语拼音的[yi]相似。

各位看看数字「1」和韩语字母「ㅣ」竟然如此相像。

韩语字母「ㅣ」的前面没有出现任何子音的时候，前面加「ㅇ」= 이。

汉语字母[i]的前面没有出现任何声母的时候，前面加「y」=[yi]。这时的「ㅇ」和「y」都不发音。

이미지 yimiji (形象)

이야기 yiyagi (故事)

2 子音5兄弟

首先需要记住基本的5个子音。记住下面的「韩语子音5兄弟」的话，可以更好地享受韩国旅游的乐趣。

下面的文字怎么读？ ❺「이」在前面已学过。

❶　❷　❸　❹　❺

기 니 미 시 이

学到这里，除了最后的❺「이」以外都不能读。可是每个字的右边「ㅣ」都念[yi]。以后只要会读左边的子音了，整个文字就会读了。

首先学会读❶到❹这四个子音。会读这四个文字了，就能感觉到读韩国文字的乐趣。

汉语「你」的发音是声母[n]和韵母[i]的组合。韩语的「gi, ni, mi, si」相当于汉语拼音的「g、n、m、s」。

记韩语子音的方法如下。

미니 mini（迷你）

从**❶**기 **❷**니 **❸**미 **❹**시中抽出母音「ㅣ」，剩下的是「ㄱ，ㄴ，ㅁ，ㅅ」。

韩语与汉语一样子音和母音结合才能形成一个文字。韩文的写法是从左到右、从上而下写。

借助于和韩国字母形似的物品来记的话，会很容易将文字和发音联系起来。

 「ㄱ」是gāo'ěrfūqiúgān的[g]

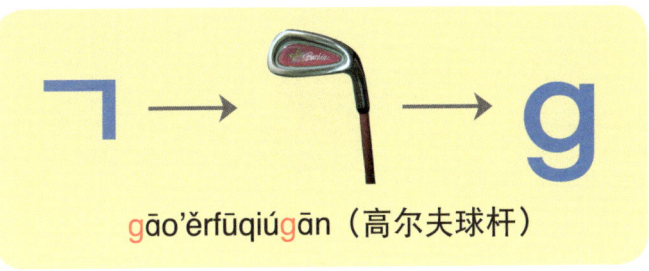

gāo'ěrfūqiúgān（高尔夫球杆）

　　这个韩语字母与高尔夫球杆相似。看到它就会想起高尔夫球杆[gāo'ěrfūqiúgān]的[g]！

　　「ㄱ」与汉语拼音的[g]相似，但力度小一点。

　　那么「기」怎么读呢？

　　左边是[gāo'ěrfūqiúgān]的[g]，右边是[i]，读作[gi]。

gāo'ěrfūqiúgān[g]　　　[i]　　　　[gi]

기자 gija（记者）

기차 gica（火车）

2 「ㄴ」是níqiū的[n]

🎧04

níqiū（泥鳅）

这个韩语字母与泥鳅很相似。看到它就会联想到泥鳅[níqiū]的[n]！

「ㄴ」与汉语拼音的[n]相似。

那么  怎么读呢?

左边是[níqiū]的[n]，右边是[i]，读作[ni]。

ㄴ ＋ ｜ ＝ ㄴ｜

níqiū[n] 　　　[i] 　　　[ni]

ㄴ코틴 nikotin（尼古丁）　　　미ㄴ mini（迷你）

3 「ㅁ」是mén的[m]

🎧05

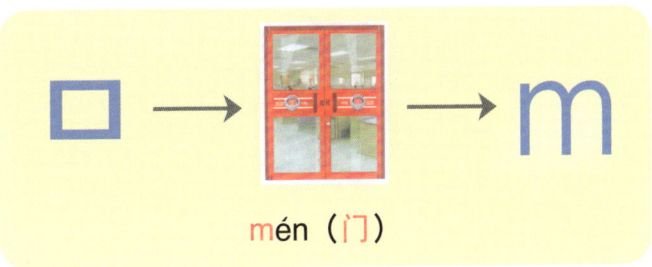

mén（门）

　　这个韩语字母与门相似。看到它就会联想起门[mén]的[m]！

　　「ㅁ」与汉语拼音的[m]相似。

那么  怎么读呢?

左边是[mén]的[m]，右边是[i]，读作[mi]。

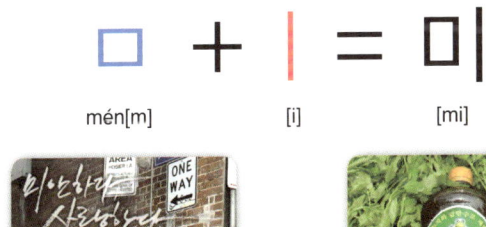

mén[m]　　　　　[i]　　　　　[mi]

미안하다 mi'anhada（对不起）

미나리 mi'nali（水芹菜）

 **「ㅅ」是sǎn的[s]**

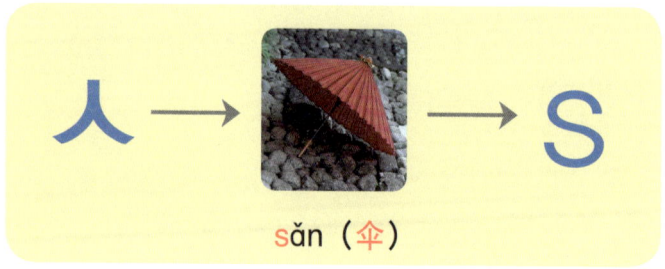

sǎn（伞）

这个韩语字母形态与伞相似。 看到它就会联想起伞[sǎn]的[s]！

「ㅅ」与汉语拼音的[s]相似。

那么「시」怎么读呢？

左边是[sǎn]的[s]，右边是[i]，读作[si]。

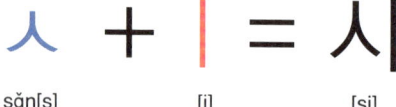

ㅅ ＋ ㅣ ＝ 시

sǎn[s] [i] [si]

注意 读[si]的时候，不要读成汉语拼音的[si]，要读成汉语拼音的[xi]。

시간표 siganpyo（课表）

시디 sidi（光盘）

5 「ㅇ」是àng的[a, i, e, u, o]
àng的[ng]

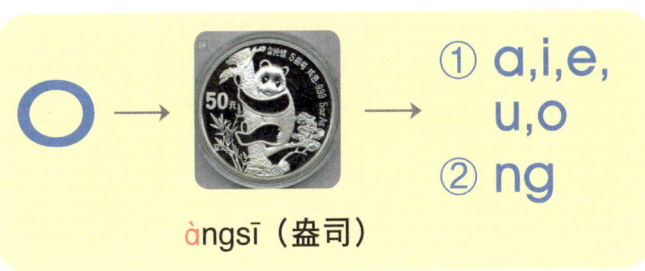

ㅇ → 50元 → ① a,i,e, u,o
② ng

àngsī（盎司）

这个韩语字母形态与5盎司银币相似。韩语母音「ㅣ」的前面没有出现任何子音的时候，前面加「ㅇ」(这时的「ㅇ」不发音)。看到这个文字出现在收音位置的时，就记盎[àng]的[ng]吧！
(参照82页)

那么「이」怎么读呢？

这时的「ㅇ」不发音，右边是[i]，读作[yi]。

ㅇ ＋ ㅣ ＝ 이

　　　　　[i]　　　　　[yi]

오리구이 oliguyi（烤鸭）

오이 oyi（黄瓜）

第一章 母音和子音

19

练习题

✏️ 请把照片和相应的韩语子音连接起来。

· · · · ·

· · · · ·

ㄱ　ㄴ　ㅅ　ㅁ　ㅇ

✏️ 请把左边的韩语子音和右边的发音连接起来。

ㄱ ·　　　　· s

ㄴ ·　　　　· g

ㅁ ·　　　　· -/ng

ㅅ ·　　　　· m

ㅇ ·　　　　· n

母音6兄弟

🎧08

　　下面我们来学母音。前面已学过母音[i]。下面我们来学习「ㅡ,ㅓ,ㅏ,ㅗ,ㅜ」这5个母音。这6个母音是韩语中最基本的母音6兄弟。

$$이 = ㅇ + ㅣ$$

[i]　　　　　-　　　　[i]

　　韩语母音「ㅣ」的前面没有出现任何子音的时候，前面加「ㅇ」(这时的「ㅇ」不发音)。

　　下面的文字是不是能读?

[si]　　　săn[s]　　　[i]

　　ㄱ (gāo'ěrfūqiúgān的[g])

　　ㄴ (níqiū的[n])

　　ㅁ (mén的[m])

　　ㅅ (săn的[s])

　　ㅇ (àng的[ɑ])

上面的这五个子音千万要记牢。

试着读一下下面的文字。

这六个文字当中第一个❶是我们已经学过的。这六个文字，❶和❷、❸和❹、❺和❻各两两一组是有一定规律的。

❶和❷是竖线和横线。

❸和❹是竖线左右两边有小短横。

❺和❻是横线上下两边有小短横。

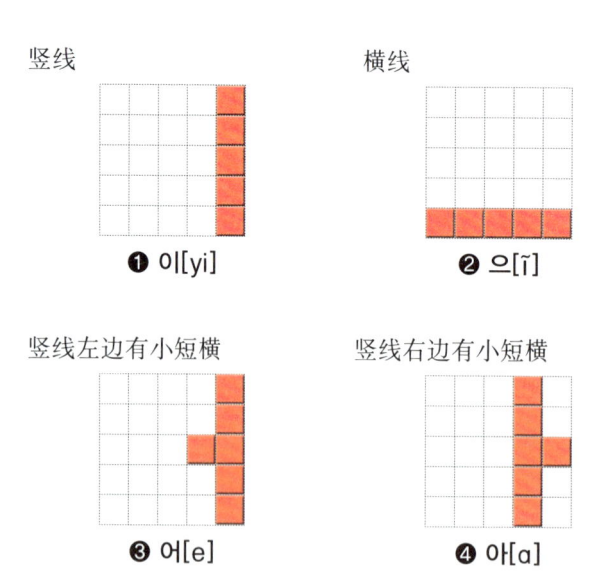

竖线

❶ 이[yi]

横线

❷ 으[ï]

竖线左边有小短横

❸ 어[e]

竖线右边有小短横

❹ 아[a]

横线上边有小短横

❺ 오[o]

横线下边有小短横

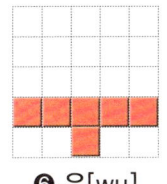

❻ 우[wu]

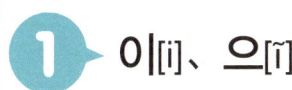

1 이[i]、으[ǐ]

❶ 이   ❷ 으

❶ 「이」与汉语拼音的[yi]相似，读[i(yi)]。

❷ 发「으」时，可先发[zi]，然后，舌尖稍微往后缩。

简单记忆法：竖线读[i]、横线读[ǐ]。

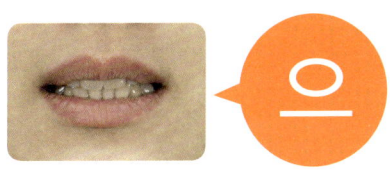

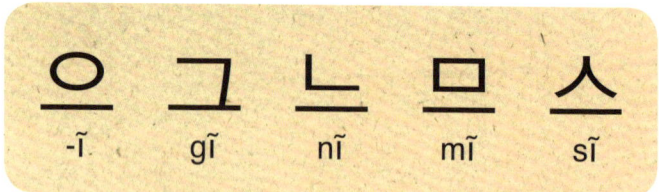

「으」的发音：ĩ [ɯː:国际音标]

下面我们看子音「ㅇ，ㄱ，ㄴ，ㅁ，ㅅ」和母音「ㅡ」合在一起怎么读。

首先从「ㅇ+ㅡ」组合「으」开始。

◉ -ĩ ··

ㅇ → ㅡ → 으
-　　　-ĩ　　　-ĩ

으뜸 -ĩddĩm (头等)

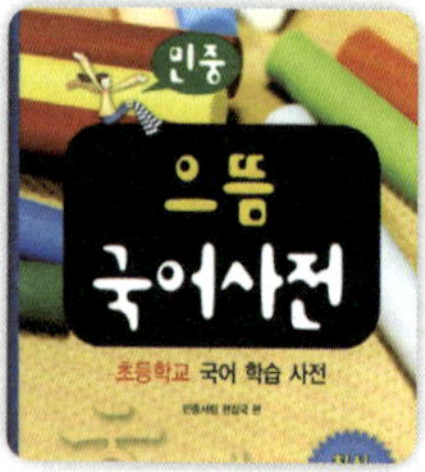

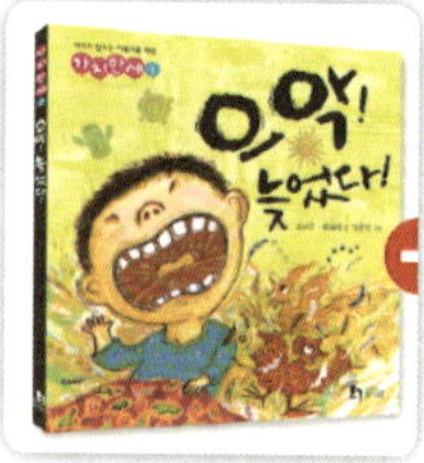

으악 -ĩ'ak (哇)

◉ -gĩ ··

ㄱ → ㅡ → ㄱ
gāo'ěrfūqiúgān的[g]　　　-ĩ　　　gĩ

그림 gῑlim（画儿）

그림자 gῑlimja（影子）

● -nῑ

níqiū的[n] → -ῑ → nῑ

느리다 nῑlida（慢）

어느 e'nῑ（哪，哪个）

● -mῑ

mén的[m] → -ῑ → mῑ

므디나 mīdina（马耳他的古都） 오므라이스 o'mīlayisī（蛋炒饭）

● -sī ···

人 　→　 ─ 　→　 스

sǎn的[s]　　　　-ī　　　　sī

스프 sīpī（羹） 　　　　도시가스 dosigasī（管道煤气）

으 　　 으 으 으

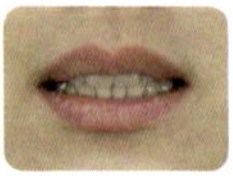

-ī　　　-ī　　-ī　　-ī　　-ī

으 그 느 므 스

-ī　gī　nī　mī　sī

2 어[e]、아[ɑ]

🎧 10

❸ 어   ❹ 아

❸「어」读成[de、te、ne、le]中的[e]就可以了，不要读成汉语拼音[ei]的[e]。

❹「아」读成汉语拼音的[ɑ]就可以了。

> 简单记忆法：竖线左边有小短横的读[e]、
> 　　　　　　竖线右边有小短横的读[ɑ]。

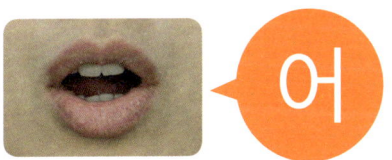

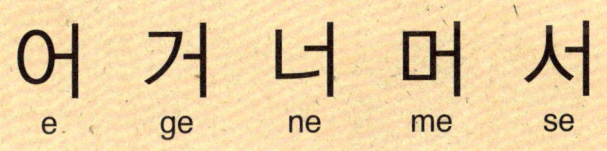

| 어 | 거 | 너 | 머 | 서 |
| e | ge | ne | me | se |

「어」的发音：e[ʌ:国际音标]

◉ e

ㅇ → ㅓ → 어
-     e   e

어머니 e'meni（妈妈）

단어 dan'e（单词）

◉ g

ㄱ → ㅓ → 거
gāo'ěrfūqiúgān的[g]   e   ge

거미 gemi（蜘蛛）

거리 geli（街头）

◉ n ···

ㄴ → ㅓ → 너
níqiū的[n]　　　　e　　　　　ne

너구리 neguli（浣熊）　　　　　너 ne（你）

◉ m ···

ㅁ → ㅓ → 머
mén的[m]　　　　e　　　　　me

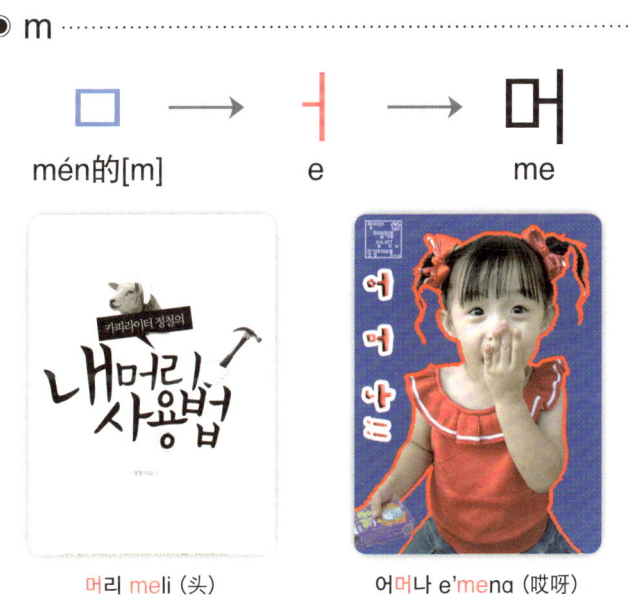

머리 meli（头）　　　어머나 e'mena（哎呀）

● sh

人 → ㅓ → 서

sǎn的[s]　　　e　　　se

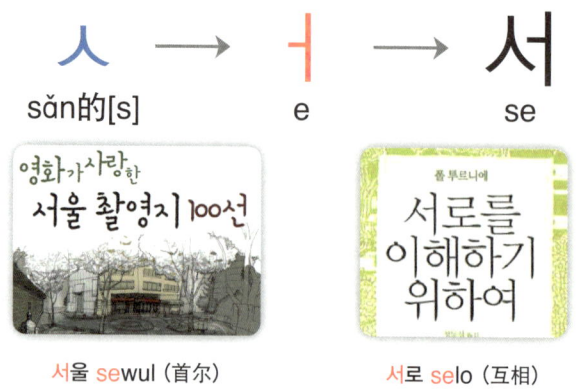

서울 sewul（首尔）　　　서로 selo（互相）

어 어 어 어

e　　e　　e　　e　　e

어 거 너 머 서

e　ge　ne　me　se

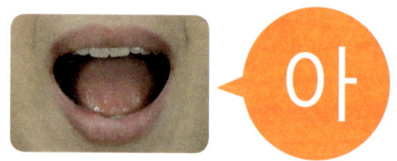

아

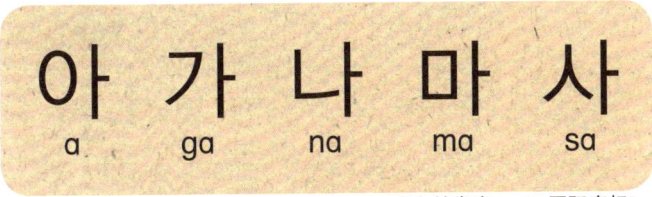

아 가 나 마 사
a　ga　na　ma　sa

「아」的发音：a[ɑ:国际音标]

● a

ㅇ → ㅏ → 아
　　　a　　　a

아빠 abba（爸爸）　　동남아 Dongnam'a（东南亚）

● g

ㄱ → ㅏ → 가
gāo'ěrfūqiúgān的[g]　a　　ga

가방 gabang（包）　　가시나무 gasinamu（带刺儿的树）

31

◉ n

ㄴ　→　ㅏ　→　나

níqiū的[n]　　a　　na

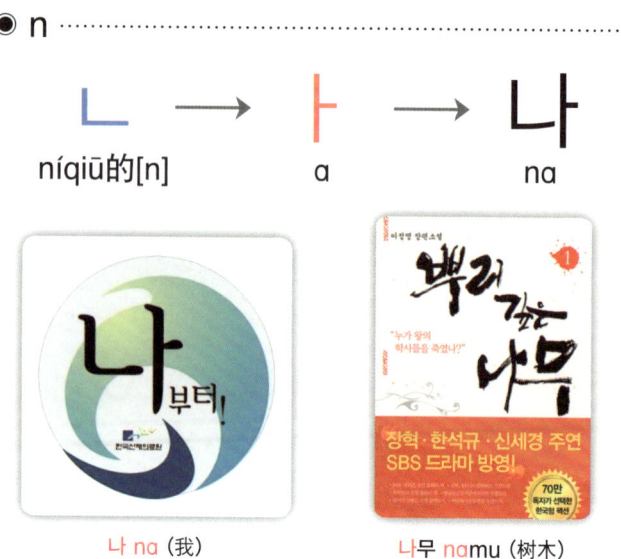

나 na（我）

나무 namu（树木）

◉ m

ㅁ　→　ㅏ　→　마

mén的[m]　　a　　ma

마우스 mawusī（鼠标）

마파두부 mapadubu（麻婆豆腐）

● s ··

人 → ㅏ → 사

săn的[s]　　　a　　　sa

사이다 sa'yida（汽水）　　　사탕수수 satangsusu（甘蔗）

아　아　아　아　아
a　　a　　a　　a　　a

아　가　나　마　사
a　ga　na　ma　sa

❺「오」读成英文的[o]。

❻「우」和汉语拼音的韵母[u]相似。

简单记忆法：横线的上边有小短横的读英文[o]、
下面有小短横的读汉语拼音的[u]。

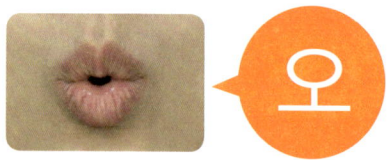

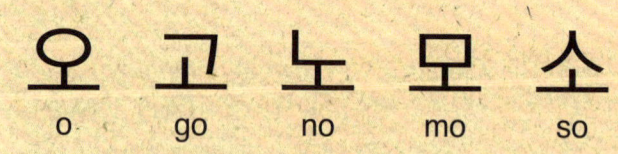

「오」的发音：o[o:国际音标]

e

○　→　ㅗ　→　오

\-　　　o　　　o

오리 oli（鴨子）

오이 oyi（黃瓜）

g

ㄱ　→　ㅗ　→　고

gāo'ěrfūqiúgān的[g]　　o　　　go

고릴라 golilla（大猩猩）

고추 gocu（辣椒）

● n ···

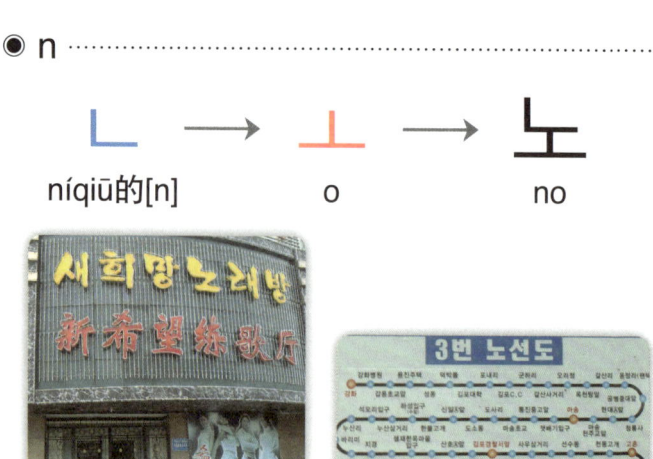

níqiū的[n]　　　o　　　no

노래방 nolaibang（练歌厅）　　　노선도 nosendo（路线图）

● m ···

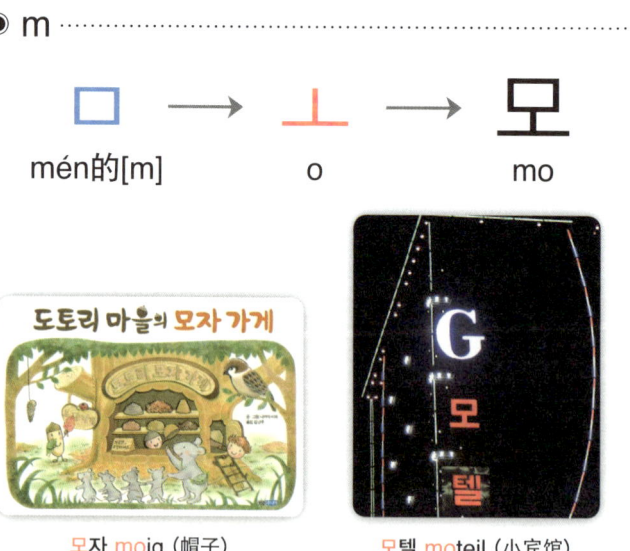

mén的[m]　　　o　　　mo

모자 moja（帽子）　　　모텔 moteil（小宾馆）

● sh

人 → ㅗ → 소
săn的[s]   o   so

소주 sozu (烧酒)   소파 sopɑ (沙发)

오   오   오   오
o   o   o   o   o

오   고   노   모   소
o   go   no   mo   so

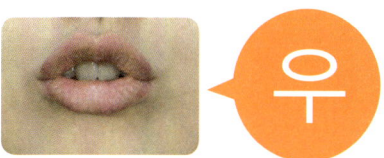
우

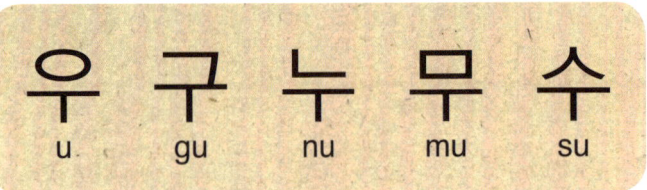

우 u　구 gu　누 nu　무 mu　수 su

「우」的发音：u[u:国际音标]

● e ··

○ → ㅜ → 우

\- 　　　 u 　　　 wu

우리 wuli (我们)

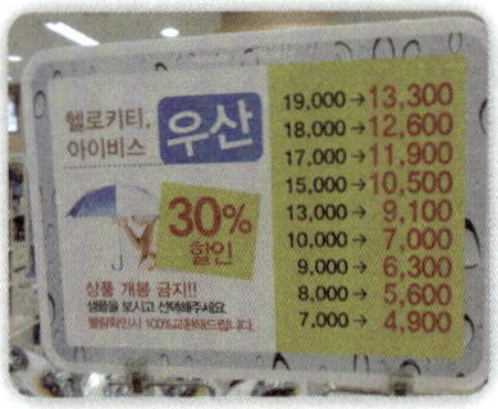

우산 wusan (雨伞)

● g ··

ㄱ → ㅜ → 구

gāo'ěrfūqiúgān的[g] 　 u 　　　 gu

구두 gudu (皮鞋)

가구 gagu (家具)

◉ n

ㄴ → ㅜ → 누

níqiū的[n]　　u　　nu

누나 nuna（姐姐）　　비누 binu（肥皂）

◉ m

ㅁ → ㅜ → 무

mén的[m]　　u　　mu

무 mu（萝卜）　　무지개 mujigai（彩虹）

◎ S ···

人 → ㅜ → 수
sǎn的[s]　　u　　su

수박 subak（西瓜）　　옥수수 oksusu（玉米）

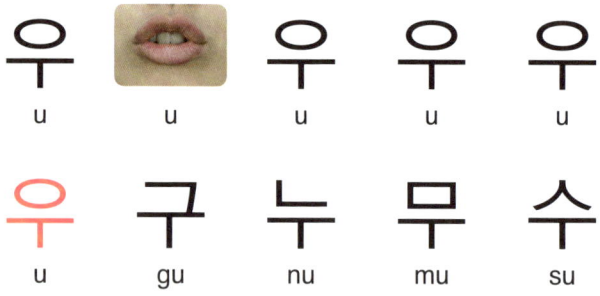

우　우　우　우　우
u　u　u　u　u

우　구　누　무　수
u　gu　nu　mu　su

各位记住这六个母音了吗?

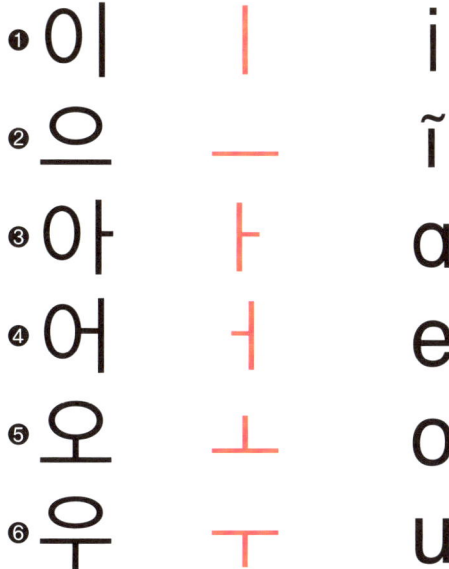

❶	이	ㅣ	i
❷	으	ㅡ	ĩ
❸	아	ㅏ	a
❹	어	ㅓ	e
❺	오	ㅗ	o
❻	우	ㅜ	u

　　记住这6个文字的话，再记其他的母音就很简单了。

　　❶和❷是竖线和横线、❸和❹是竖线的左右两边有小短横、❺和❻是横线的上下两边有小短横。

练习题 ....

✏️ 请把互相有关的连接起来。

─────────────────────────────────────

竖线	·	·ㅗ	ㅇ·	ɑ
横线	·	·ㅜ	아·	u
左短横	·	·ㅣ	우·	i
右短横	·	·ㅡ	이·	ǐ
上短横	·	·ㅓ	어·	·u
下短横	·	ㅏ·	·오	o

✏️ 读一下下面的文字。

─────────────────────────────────────

이 으 아 어 오 우

기 그 가 거 고 구

니 느 나 너 노 누

미 므 마 머 모 무

시 스 사 서 소 수

第 **2** 章

母音的朋友们

1 母音「아, 어, 오, 우」的朋友

第一章学过的6个母音加上其他4个母音一共10个母音组成了韩国语的基本母音。接下来我们学习其他的4个母音。

❶	❷	❸	❹	❺	❻	❼	❽	❾	❿
아	야	어	여	오	요	우	유	으	이
[a]	[ya]	[e]	[yeo]	[o]	[yo]	[u]	[you]	[ɪ]	[i]

❶	❸	❺	❼
아	어	오	우
[a]	[e]	[o]	[u]

❷	❹	❻	❽
야	여	요	유
[ya]	[yeo]	[yo]	[you]

下边红色的文字只是在上边的文字上再加一笔形成的！

❶ 아 [a]   ❷ 야 [ya]

❶是竖线右边有一个小短横的[a]。

❷是横线右边有两个小短横的[ya]。「야」发音时，先发「ㅣ」，然后迅速滑到「ㅏ」。

야구 yagu（棒球）

야채 yacai（蔬菜）

❸ 어 [e]   ❹ 여 [yeo]

❸是横线左边有一个小短横的[e]。

❹是横线左边有两个小短横的[yeo]。「여」发音时，先发「ㅣ」，然后迅速滑到「ㅓ」。

여자 yeoja（女孩子）

여인 yeoyin（女人）

❺ 오 [o] ❻ 요 [yo]

❺是横线上边有一个小短横的[o]。

❻是横线上边有两个小短横的[yo]。「요」发音时，先发「ㅣ」，然后迅速滑到「ㅗ」。

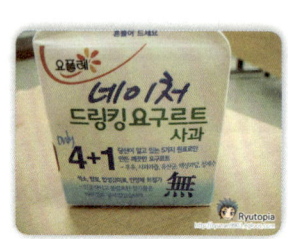

요구르트 yogulītī（酸奶）

요가 yoga（瑜伽）

❼ 우 [u] ❽ 유 [you]

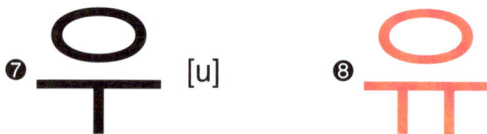

❼是横线下边有一个小短横的[u]。

❽是横的下边有两个点[you]。「유」发音时，先发「ㅣ」，然后迅速滑到「ㅜ」。

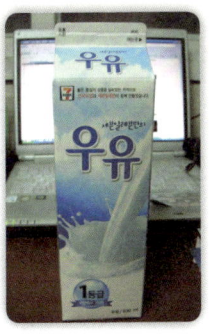

우유 wuyou（牛奶）

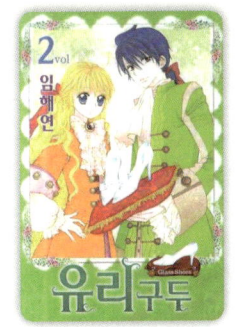

유리구두 youli gudu（玻璃皮鞋）

再看看其他子音和母音的组合。

$$샤 = 人 + ㅑ$$

sǎn的[s]　　　[ya]

这是字母[s]和[ya]的组合[sya]。

샤머니즘 syamenijǐm（萨满教）

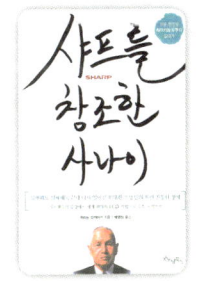

샤프 syapī（自动铅笔）

갸 是[g]和[ya]的组合[gya]。

갸우뚱 gyawudung (扭头)　　　가름한 gyalīmhan (稍长)

겨 是[g]和[yeo]的组合[gyeo]。

겨울 gyeowul (冬天)　　　연겨자 yeongyeoja (淡芥末)

녀 是[n]和[yeo]的组合[nyeo]。

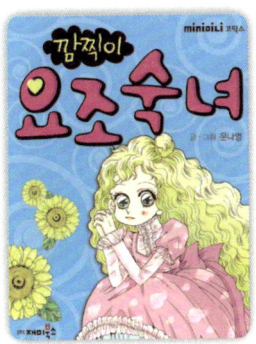

남남북녀 namnambuk**nyeo**
（南男北女）

요조숙녀 yojosuk**nyeo**
（窈窕淑女）

교 是[g]和[yo]的组合[gyo]。

우리학교 wulihak**gyo**（我们学校）　시민교육 simin**gyo**yuk（市民教育）

뇨 是[n]和[yo]的组合[nyo]。

비**뇨**기과 bi**nyo**gigwa（泌尿科）　　당**뇨**병 dang**nyo**byeong（糖尿病）

슈 是[s]和[you]的组合[syou]。

슈퍼 **syou**pe（超市）　　**슈**퍼맨 **syou**pemain（超人）

뮤 是[m]和[you]的组合[myou]。

뮤지컬 myoujikel（音乐戏剧）　　뮤직드라마 myoujikdīlama（乐剧）

2 母音「애」和「에」

首先看看「애」和「에」两个母音的差异。

 [ai] ⟶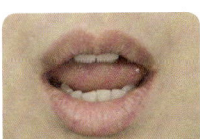

 [ei] ⟶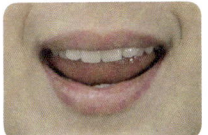

这两个字的发音差异只是开口的方法。

「애」相当于汉语拼音的[ai]，「에」相当于汉语拼音的[ei]。

애 = ㅏ + ㅣ
[a]　　　　[i]

把这两个母音连起来读([a]重读)

애인 aiyin（情人）

애정촌 aijengcon（爱情村）

에 = ㅓ + ㅣ
[e]　　　　[i]

把这两个母音连起来读([e]重读)

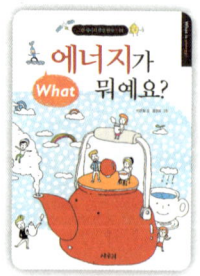

에너지 eineji（能源）

에어로빅 ei'elobik（健美操）

接下来我们学习其他子音和母音「애」、「에」的组合。

내 是[n]和[ai]的组合[nai]。

내 동생 nai dongsaing（我的弟弟）

내일 naiyil（明天）

새 是[s]和[ai]的组合[sai]。

새우 saiwu（虾）

참새 camsai（麻雀）

매 是的[m]和[ai]的组合[mai]。

매운탕 maiwuntang（辣汤）

매미 maimi（蝉）

개 是[g]和[ai]的组合[gai]。

개구리 gaiguli（青蛙）

개미 gaimi（蚂蚁）

네 是[n]和[ei]的组合[nei]。

네티즌 neitizĭn（网民）

네온사인 neionsayin（霓虹灯）

세 是[s]和[ei]的组合[sei]。

곰 세 마리 gom sei mali（三只熊）

세차장 seicajang（洗车场）

메 是[m]和[ei]的组合[mei]。

메모 meimo（笔记）

문자메시지 munja meisiji（短信）

게 是[g]和[ei]的组合[gei]。

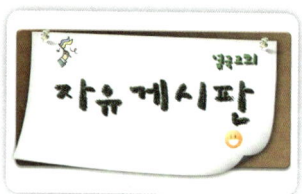

게시판 geisipan（布告栏）

대게 daigei（大螃蟹）

下面我们学习「애」和「에」的朋友「얘」和「예」。

얘

是竖线的右边有两个小短横的[야]和[ㅣ]的组合。「얘」发音时，先发一个[ㅣ]，然后迅速滑到[ㅐ]。

얘기 yaigi（故事）

얘는 누구니? yainĭn nuguni?
（这孩子是谁?）

예

是竖线的左边有两个小短横的[여]和[ㅣ]的组合。「예」发音时，先发一个[ㅣ]，然后迅速滑到[ㅔ]。韩语里的「예」读成[i+e]，这时的[e]读成汉语拼音[ei]的[e]。

예술 yesul（艺术）

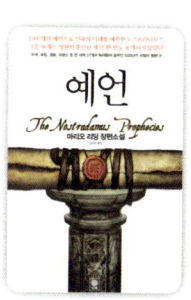

예언 ye'en（预言）

第 **3** 章

子音的朋友们

在第一章里我们学过了「ㄱ，ㄴ，ㅁ，ㅅ，ㅇ」子音5兄弟。韩语的子音是这五个子音和其他五个基本子音构成的，即「ㅂ，ㄷ，ㄹ，ㅈ，ㅎ」。

1 「ㅂ」是bēibāo的[b]

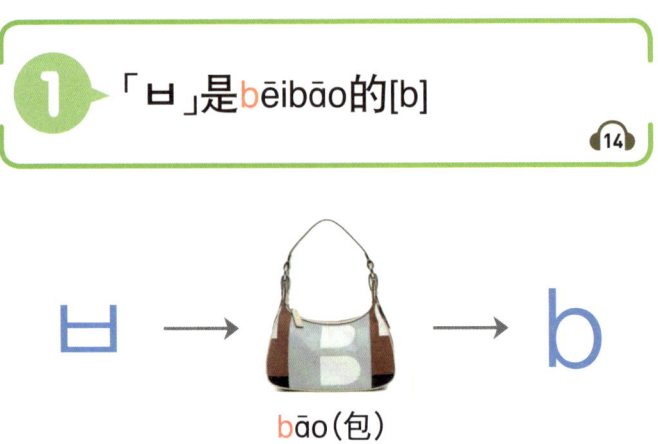

bāo（包）

这个韩语字母与手提包相似。看到它就会联想起包[bāo]的[b]！

「ㅂ」与汉语拼音的[b]相似，但力度稍轻一点。

那么由「ㅂ」和母音组合而成的韩语文字怎么读呢？

[bi]　　　bāo的[b]　　　[i]

비빔밥 bibimbap（拌饭）

비타민 bitamin（维生素）

바 = ㅂ + ㅏ

[ba]　　bāo的[b]　　[a]

바다 bada（海）

바나나 banana（香蕉）

바　　보　　버　　브
ba　　bo　　be　　bĩ

배　　베　　비　　부
bai　　bei　　bi　　bu

바보 babo（傻瓜）

버스 besī（公交车）

배추 baicu（白菜）

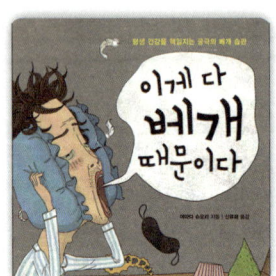

베개 beigai（枕头）

 [ㄷ]是dēngguǎn的[d]

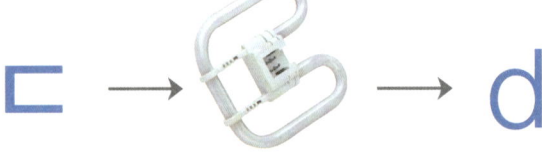

dēngguǎn（灯管）

这个韩语字母与灯管相似。 看到它就会联想起灯管 [dēngguǎn]的[d]！

「ㄷ」与汉语拼音的[d]相似。

那么由「ㄷ」和母音组成的韩语文字怎么读呢?

[di]　　　　dēngguǎn的[d]　　　　[i]

디스코 disīko（迪斯科）

디지털 dijitel（数码）

[da]　　　　dēngguǎn的[d]　　　　[a]

다방 dabang（茶馆）

다이빙 dayibing（跳水）

다 도 더 드

da　　do　　de　　dĭ

대 데 디 두

dai　　dei　　di　　du

대도시 daidosi (大城市)

더디다 dedida (缓慢)

두더지 dudeji (鼹鼠)

드라마 dĭlama (剧)

3 [ㄹ]是 lāmiàn的[l]

🎧 16

ㄹ　→　〜　→　ㅣ

lāmiàn（拉面）

　　这个韩语字母与拉面相似。　看到它就会联想起拉面 [lāmiàn]的[l]！

　　「ㄹ」与汉语拼音的[r]相似，但是舌尖不要卷起来。

　　由子音「ㄹ」和母音组成的韩语文字怎么读呢？

리　＝　ㄹ　＋　ㅣ

[li]　　　　lāmiàn的[l]　　　　[i]

리본 libon（丝带）　　　　　보리 boli（大麦）

라 = ㄹ + ㅏ

[la]　　　　lāmiàn的[l]　　　　[a]

라면 lamyeon（方便面） 　　　라디오 ladi'o（收音机）

라	로	러	르
la	lo	le	lĩ

래	레	리	루
lai	lei	li	lu

로봇 lobot（机器人）

도르래 dolĩlai（滑轮）

리모컨 limoken (遥控器)　　　루머 lume (谣言)

[ㅈ]是 jiāzi的[j]

🎧 17

jiāzi(夹子)

这个韩语字母和夹子相似。 看到它就会联想起夹子[jiāzi]的[j]！

「ㅈ」与汉语拼音的[z]相似。

那么由子音「ㅈ」和母音组成的韩语文字怎么读呢？

[ji]　　　jiāzi的[j]　　　[i]

지하철 jihacel（地铁）

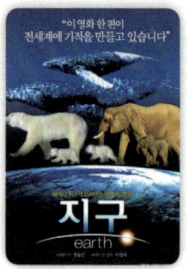

지구 jigu（地球）

자 = ㅈ + ㅏ

[ja]　　　jiāzi的[j]　　　[a]

자전거 jajenge（自行车）

자동차 jadongca（汽车）

자	조	저	즈
ja	jo	je	jĩ
재	제	지	주
jai	jei	ji	ju

저조 jejo（低落）

재즈 jaijī（爵士）

제자 jeija（弟子）

주차장 jucajang（停车场）

5 [ㅎ]是 hāhā的[h]

🎧18

hāhā（哈哈）

这个韩语字母与上边图画里的脸部相似。看到它就会联

想起哈哈[hāhā]的[h]！

「ㅎ」和汉语拼音的[h]相似。

那么由子音「ㅎ」和母音组成的韩语文字怎么读呢？

히 = ㅎ + ㅣ

　[hi]　　　　　hāhā的[h]　　　　　[i]

히히 hihi（嘻嘻）　　　　히말라야 himallaya（喜玛拉雅）

하 = ㅎ + ㅏ

　[ha]　　　　　hāhā的[h]　　　　　[a]

하모니카 hamonika（口琴）　　　하트 hatī（心脏）

하 호 허 흐

ha ho he hĩ

해 헤 히 후

hai hei hi hu

후추 hucu（胡椒）

헤드폰 heidīpon（耳机）

해삼 haisam（海参）

호수 hosu（湖水）

第 **4** 章

韩语文字的收音

到现在为止学习过的韩语文字都是由一个子音字母和一个母音字母组成的。韩语里有很多文字是由子音+母音+子音字母组成的。这个另外的子音就是收音，即**받침**[bɑtcim]。有的子音作为收音出现的时候，发音会稍有改变。

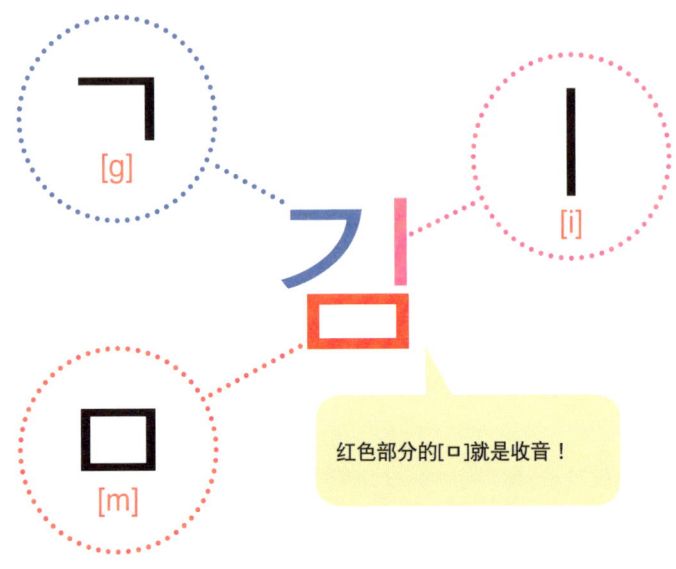

红色部分的[ㅁ]就是收音！

韩语文字是由子音和母音组合而成的。我们前面学过的字音和母音可以组成很多韩国文字。下面介绍一下韩语文字的结构。

 韩语文字的结构

🎧 19

字母的组合方式如下:

❶ **子音＋母音**
例如: 가, 니, 모, 서, 우

❷ **子音＋母音＋子音**
例如: 녹, 안, 김, 못, 숭

根据母音的位置, 可以分出两种情况, 即母音位于子音右边和母音位于子音下边。

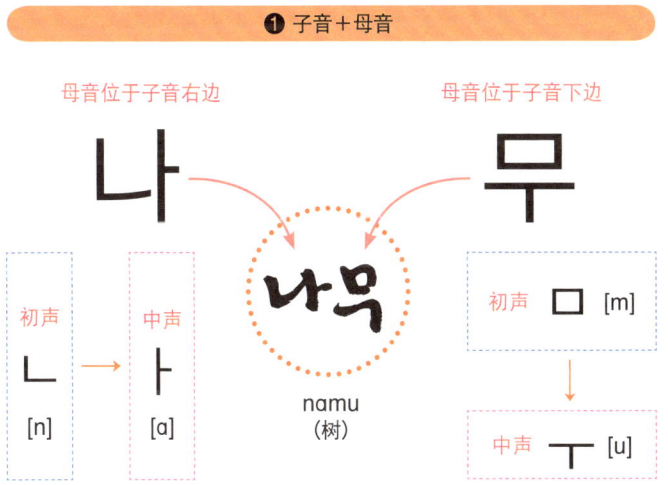

❶ 子音＋母音

母音位于子音右边　　　母音位于子音下边

나　　무

나무
namu
(树)

初声　　中声
ㄴ　→　ㅏ
[n]　　[a]

初声　ㅁ [m]

中声　ㅜ [u]

❷ 子音＋母音＋子音

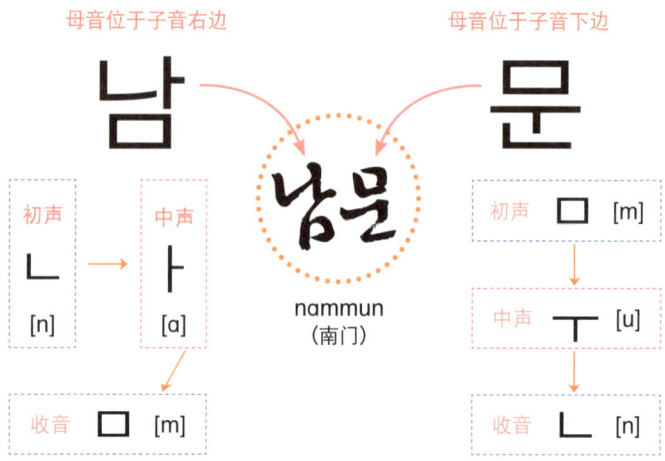

母音位于子音右边　　　　　　　　母音位于子音下边

남　　　문

nammun
(南门)

初声 ㄴ [n] → 中声 ㅏ [a]
收音 ㅁ [m]

初声 ㅁ [m]
中声 ㅜ [u]
收音 ㄴ [n]

　　韩语文字第的第一个子音叫初声，中间的母音叫中声，最后的子音（如果有的话）叫收音「**받침**[batcim]」。

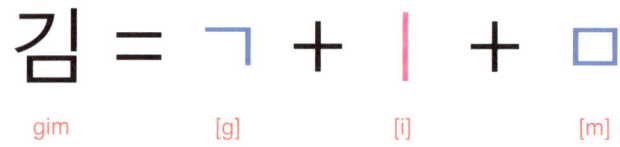

김 = ㄱ ＋ ㅣ ＋ ㅁ

gim　　　[g]　　　[i]　　　[m]

　　韩语文字是由子音和母音组合而成的。上面的这个韩语文字就是由初声[g]+中声[i]+收音[m]组成的，读成[gim]。

ㄱ [g] ＋ ㅣ [i] ＋ ㅁ [m]

「김 gim」是韩国最多的姓氏。

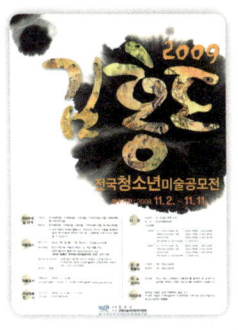

김홍도 Gim Hongdo（人名）　　김치 라면 Gimci amyeon（泡菜拉面）

2 子音五兄弟做收音 🎧 20

接下来我们学习子音5兄弟「ㄱ,ㄴ,ㅁ,ㅅ,ㅇ」作为收音时怎么读。

	初声	收音
ㄱ →	g	k

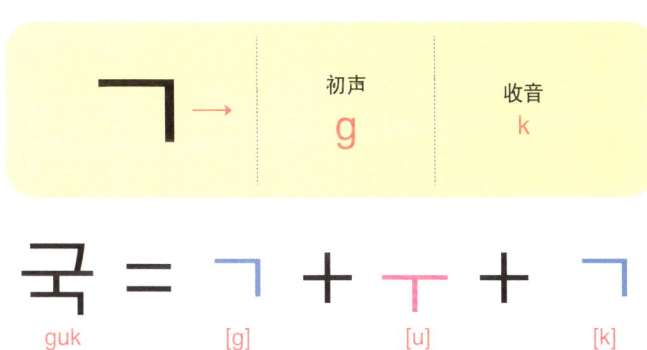

guk　＝　[g]　＋　[u]　＋　[k]

약국 yakguk（药店）

대한민국 daihanminguk（大韩民国）

식당 sikdang（餐厅）

서울역 sewulyeok（首尔站）

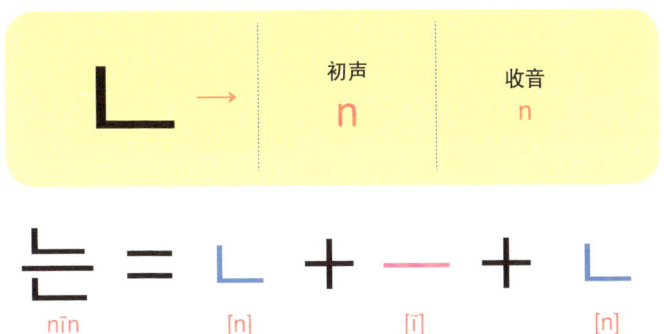

| ㄴ | → | 初声
n | 收音
n |

는 = ㄴ ＋ ㅡ ＋ ㄴ

nīn　　　[n]　　　[ī]　　　[n]

은행 -īnhaing（银行）

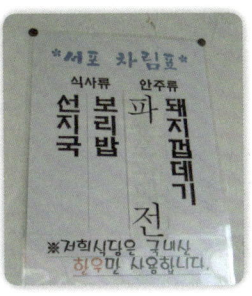

파전 pajen（葱饼）

믿는다 mitnīnda（相信）

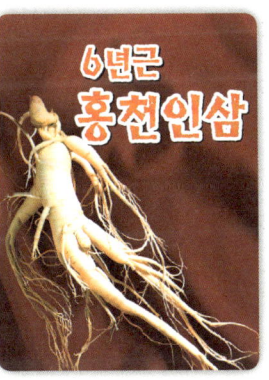

인삼 yinsam（人参）

몸 = ㅁ + ㅗ + ㅁ

mom   [m]   [o]   [m]

감자국 gamjaguk (土豆汤)

삼계탕 samgyetang (参鸡汤)

참치 camci (金枪鱼)

몸 mom (身体)

人 → | 初声 | 收音
S | t

삿 = 人 + ㅏ + 人
sat | [s] | [a] | [t]

맛집 matjip (好吃的餐厅)

삿갓 satgat (斗笠)

굿모닝 gutmoning (早上好)

젓가락 zetgalak (筷子)

| ○ → | 初声 - | 收音 ng |

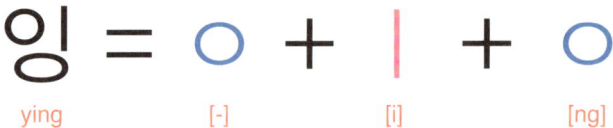

잉 = ○ + ㅣ + ○
ying   [-]   [i]   [ng]

싱글여행 singgīl yeohaing
（独自旅游）

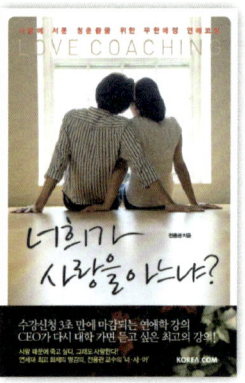

사랑 salang （爱情）

잉어 ying'e （鲤鱼）

공중전화 gongjungjenhwa
（公用电话）

3　子音朋友们做收音

🎧21

| ㅂ → | 初声
b | 收音
p |

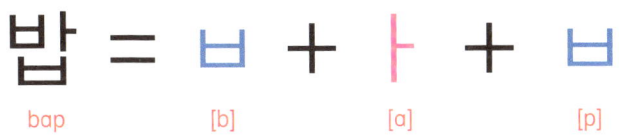

밥 ＝ ㅂ ＋ ㅏ ＋ ㅂ

bap　　　[b]　　　[a]　　　[p]

비빔밥 bibimbap (拌饭)

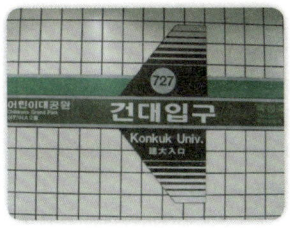

입구 yipgu (入口)

수갑 sugap (手铐)

톱뉴스 topnyousī (头条新闻)

| ㄷ → | 初声 d | 收音 t |

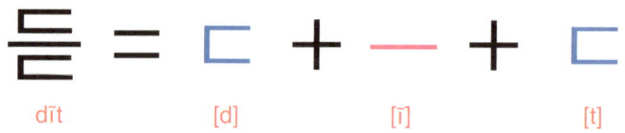

듣 = ㄷ + ㅡ + ㄷ
dīt   [d]   [ī]   [t]

듣다 dītda（听）

믿음 mitīm（信任）

걷는다 getnīnda（走路）

받다 batda（接）

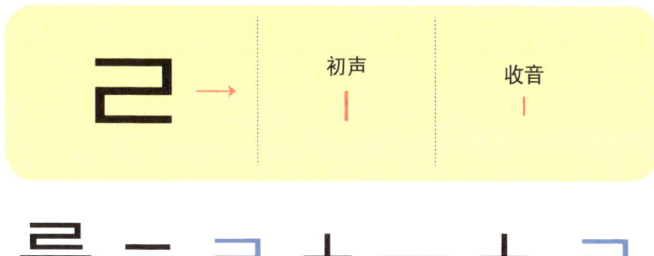

룰	=	ㄹ	+	ㅜ	+	ㄹ
lul		[l]		[u]		[l]

한국말 hangukmal（韩国语）

밀가루 milgalu（面粉）

불고기 bulgogi（烤肉）

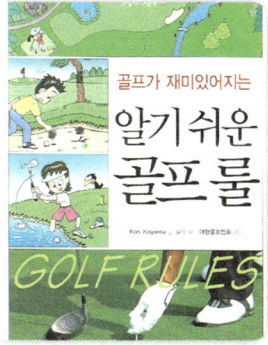

골프룰 golpīlul（高尔夫球规则）

85

ㅈ → | 初声 j | 收音 t |

젖 = ㅈ + ㅓ + ㅈ

jet | [j] | [e] | [t]

빛지다 bitjida（欠债）

젖 jet（乳汁）

맞선 matsen（相亲）

잊지 마세요 yitji maseiyo
（别忘了）

ㅎ →	初声 h	收音 ❶ t ❷ –

좋 = ㅈ + ㅗ + ㅎ

j　　　[j]　　　[o]　　　[t]

❶ 좋다 jota（好）　　　❷ 좋아요 joayo（喜欢）

子音做收音时的发音

做收音的子音	做收音时的发音
ㅂ [b]	[p]
ㄷ [d] ㅅ [s] ㅈ [j] ㅎ [h]	[t]
ㄱ [g]	[k]
ㅁ [m]	[m]
ㄴ [n]	[n]
ㅇ [-, ng]	[ng]
ㄹ [l]	[l]

主要韩语文字的汉语标记法

22	가 ga	나 na	다 da	라 la	마 ma	바 ba	사 sa
	아 a	자 ja	차 ca	카 ka	타 ta	파 pa	하 ha
23	거 ge	너 ne	더 de	러 le	머 me	버 be	서 se
	어 e	저 je	처 ce	커 ke	터 te	퍼 pe	허 he
24	고 go	노 no	도 do	로 lo	모 mo	보 bo	소 so
	오 o	조 jo	초 co	코 ko	토 to	포 po	호 ho
25	구 gu	누 nu	두 du	루 lu	무 mu	부 bu	수 su
	우 wu	주 ju	추 cu	쿠 ku	투 tu	푸 pu	후 hu
26	그 gĭ	느 nĭ	드 dĭ	르 lĭ	므 mĭ	브 bĭ	스 sĭ
	으 -ĭ	즈 jĭ	츠 cĭ	크 kĭ	트 tĭ	프 pĭ	흐 hĭ
27	기 gi	니 ni	디 di	리 li	미 mi	비 bi	시 si
	이 -i	지 ji	치 ci	키 ki	티 ti	피 pi	히 hi
28	갸 gya	냐 nya	댜 dya	랴 lya	먀 mya	뱌 bya	샤 sya
	야 ya	쟈 jya	챠 cya	캬 kya	탸 tya	퍄 pya	햐 hya
29	겨 gyeo	녀 nyeo	뎌 dyeo	려 lyeo	며 myeo	벼 byeo	셔 syeo
	여 yeo	져 jyeo	쳐 cyeo	켜 kyeo	텨 tyeo	펴 pyeo	혀 hyeo
30	교 kyo	뇨 nyo	됴 dyo	료 lyo	묘 myo	뵤 byo	쇼 syo
	요 yo	죠 jyo	쵸 cyo	쿄 kyo	툐 tyo	표 pyo	효 hyo
31	규 kyou	뉴 nyou	듀 dyou	류 lyou	뮤 myou	뷰 byou	슈 syou
	유 you	쥬 jyou	츄 cyou	큐 kyou	튜 tyou	퓨 pyou	휴 hyou

第**5**章

第 **5** 章

子音的送气
音和挤喉音

在我们前面学过基本子音「ㄱ,ㄷ,ㅂ,ㅈ」上面加一笔变成「ㅋ,ㅌ,ㅍ,ㅊ」，或者将它们重叠变成「ㄲ,ㄸ,ㅃ,ㅆ,ㅉ」虽然和原来的子音形态相似但是发音稍有不同。比如说「ㄱ[ga]」和「ㅋ[ka]」形态虽然相似但发音稍有不同。

送气音「ㅋ,ㅌ,ㅍ,ㅊ」

（32）

送气音是呼出的气流较强的塞音或者塞擦音。

比较一下送气音「ㅋ,ㅌ,ㅍ,ㅊ」和已学过的基本子音「ㄱ,ㄷ,ㅂ,ㅈ」的形态和发音。

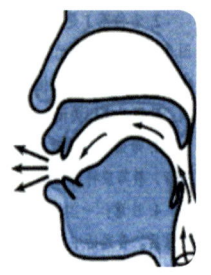

 从形态相似度上看，请连结左边的文字和右边的文字。

❶ 가· ·타 ❺
❷ 다· ·차 ❻
❸ 바· ·카 ❼
❹ 자· ·파 ❽

[答案] ❶-❼、❷-❺、❸-❽、❹-❻

가[ga]、다[da]、바[ba]、자[ja]已经学过，接下来我们学习下面的送气音。

基本音	送气音
ㄱ[g]	ㅋ[k]
ㄷ[d]	ㅌ[t]
ㅂ[b]	ㅍ[p]
ㅈ[j]	ㅊ[c]

除了「ㅍ」以外，「ㅋ，ㅌ，ㅊ」是在「ㄱ，ㄷ，ㅈ」上再添加一笔而形成的。

❶ 用爆破性气流推出的kǎbīnqiāng的[k]

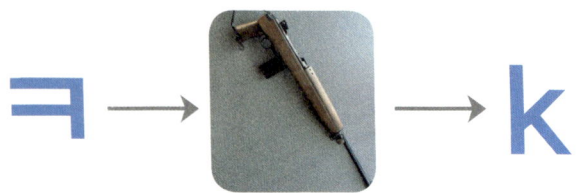

kǎbīnqiāng（卡宾枪）

这个韩语字母与卡宾枪相似。看到它就会联想起卡宾枪[kǎbīnqiāng]的[k]！

「ㅋ」发音时，方法和辅音「ㄱ」基本相同，只是发音时要用爆破性的气流推出。和汉语拼音的[k]相似。

那么由子音「ㅋ」和母音组成的韩语文字怎么读呢？

ㅋ →	初声 k	收音 k

카 커 코 쿠 크 키 캐 케
ka   ke   ko   ku   kī   ki   kai   kei

케이크 keiyikī（蛋糕）

쿠키 kuki（曲奇）

코카콜라 kokakolla（可口可乐）

커피 kepi（咖啡）

❷ 用爆破性气流推出的tǎ的[t]

tǎ（塔）

这个韩语字母和塔相似。看到它就会联想起塔[tǎ]的[t]！

「ㅌ」发音时，方法与辅音「ㄷ」基本相同，只是发音时要用爆破性的气流推出。和汉语拼音的[t]相似。

那么由子音「ㅌ」和母音组成的韩语文字怎么读呢？

ㅌ →	初声 t	收音 t

타	터	토	투	트	티	태	테
ta	te	to	tu	tĭ	ti	tai	tei

타는 곳 ta는 got（乘车处）

토마토 tomato（西红柿）

태산 taisan（泰山）

테마파크 teimapakī（主题公园）

❸ 用爆破性气流推出的pípa的[p]

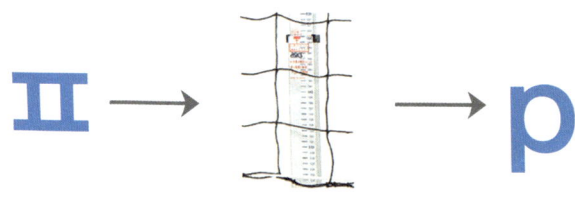

páiqiúwǎng（排球网）

这个韩语字母和排球网相似。看到它就会联想起排球网[páiqiùwǎng]的[p]！

「ㅍ」发音时，方法和辅音「ㅂ」基本相同，只是发音时要用爆破性的气流推出。和汉语拼音的[p]相似。

那么由子音「ㅍ」和母音组成的韩语文字怎么读呢？

ㅍ →

初声	收音
p	p

파 퍼 포 푸 프 피 패 페

pa pe po pu pī pi pai pei

펀드투자 fendītuja（基金投资）

파라다이스 paladayisī（乐园）

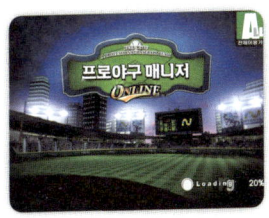

프로야구 pīloyagu（职业棒球）

포도주스 podojusī（葡萄汁）

❹ 用爆破性气流推出的cāngying的[ㅊ]

cāngying（苍蝇）

这个韩语字母与苍蝇相似。看到它就会想起苍蝇[cāngying]的[c]！

「ㅊ」发音时，方法和辅音「ㅈ」基本相同，只是发音时要用爆破性的气流推出。和汉语拼音的[c]相似。

那么由子音「ㅊ」和母音组成的韩语文字怎么读呢？

ㅊ →	初声	收音
	c	t

차 처 초 추 츠 치 채 체
ca ce co cu cǐ ci cai cei

녹차 nokca（绿茶）

시금치 sigīmci（菠菜）

고추김치 gocugimci（辣椒泡菜）　　　식초 sikco（醋）

 挤喉音「ㄲ，ㄸ，ㅃ，ㅆ，ㅉ」

 33

挤喉音是我们已经学过的基本子音「ㄱ，ㄷ，ㅂ，ㅅ，ㅈ」重叠而成的。

基本音	挤喉音
ㄱ[g]	ㄲ[gg]
ㄷ[d]	ㄸ[dd]
ㅂ[b]	ㅃ[bb]
ㅅ[s]	ㅆ[ss]
ㅈ[j]	ㅉ[jj]

gāo'ěrfūqiúgān的[g]、dēngguǎn的[d]、bēibāo的[b]、sǎn的[s]、jiāzi的「ㅈ」经过重叠就变成「ㄲ[gg]，ㄸ[dd]，ㅃ[bb]，ㅆ[ss]，ㅉ[jj]」。

❶ 「ㄲ[gg]」发音时，和辅音「ㄱ」时基本相同，只是力度上要大一点。

ㄲ →	初声	收音
	gg	g

까 꺼 꼬 꾸 끄 끼 깨 께
gga gge ggo ggu ggĩ ggi ggai ggei

까치 ggaci（喜鹊）

수수께끼 susuggeiggi（谜语）

꿈 ggum（梦想）

깨소금 ggaisogīm（芝麻盐）

❷「ㄸ[dd]」发音时，和辅音「ㄷ」时基本相同，只是力度上要大一点。

ㄸ →	初声	收音
	dd	-

따 떠 또 뚜 뜨 띠 때 떼
dda dde ddo ddu ddĭ ddi ddai ddei

따뜻하다 ddaddīthada（温暖）

뚜껑 dduggeng（盖儿）

떡 ddek（米糕）

똑똑하다 ddokddokhada（聪明）

❸「ㅃ[bb]」发音时，和辅音「ㅂ」时基本相同，只是力度上要大一点。

| ㅃ → | 初声 bb | 收音 - |

빠 뻐 뽀 뿌 쁘 삐 빼 뻬
bba bbe bbo bbu bbĭ bbi bbai bbei

아빠 abba（爸爸）

빵집 bbangjip（面包店）

뿌리 bbuli（根）　　　　뽀뽀 bbobbo（吻）

「ㅆ[ss]」发音时，和辅音「ㅅ」时基本相同，只是力度上要大一点。

	初声	收音
ㅆ →	ss	t

싸 써 쏘 쑤 쓰 씨 쌔 쎄
ssa sse sso ssu ssĩ ssi ssai ssei

쌀 ssal（白米）

김씨 gimssi（姓金）

이쑤시개 yissusigae（牙签）

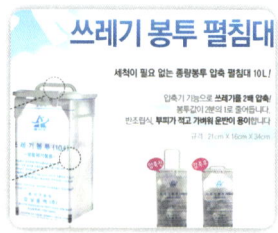

쓰레기 ssɨleigi（垃圾）

❺ 「ㅉ[jj]」发音时，和辅音「ㅈ」时基本相同，只是力度上要大一点。

	初声	收音
ㅉ	jj	-

짜 쩌 쪼 쭈 쯔 찌 째 쩨

jja　jje　jjo　jju　jjī　jji　jjai　jjei

짜장면 jjajangmyeon（炸酱面）

김치찌개 gimcijjigai（泡菜汤）

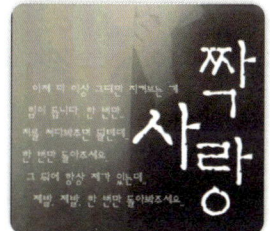

짝사랑 jjaksalang（单相思）

갈비찜 galbijjim（蒸排骨）

第6章

合成母音和
合成子音文字

韩语文字中有的是由两个母音(「ㅗ+ㅏ=ㅘ」)或者两个子音(「ㄹ+ㄱ=ㄺ」)构成的，叫做合成母音、合成子音。

① 合成母音 〔34〕

韩语文字中有两个母音同时出现的现象，但这种情况下，能做第一个母音的只有오、우、으。这时的오和우标记为[w]。

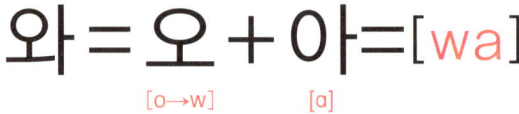

와 = 오 + 아 = [wa]
　　 [o→w]　 [a]

와인 wayin (葡萄酒)

와이파이 wayipayi (无线宽带)

워 = 우 + 어 = [we]
　　 [u→w]　 [e]

워크숍 wekīsyop（研讨会）　　　만원 manwen（一万元）

❶

오的朋友　**와　외　왜**

※这些文字标记上比较特殊。

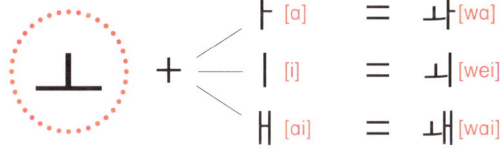

「화」是初声[h]、第一个母音「ㅗ[o→w]」和另外一个母音「ㅏ[a]」组合成的。即「ㅎ[h]+[o→w]+ㅏ[a]」标记成「화[hwa]」。

화장실 hwajangsil（卫生间）

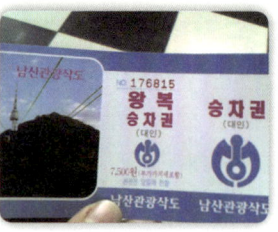

왕복 wangbok（往返）

회사 hweisa（公司）

돼지갈비 dwaiji galbi（猪排）

2

우的朋友 워 위 웨

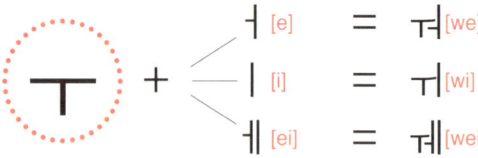

$$ㅜ + \begin{cases} ㅓ\,[e] &= ㅝ\,[we] \\ ㅣ\,[i] &= ㅟ\,[wi] \\ ㅔ\,[ei] &= ㅞ\,[wei] \end{cases}$$

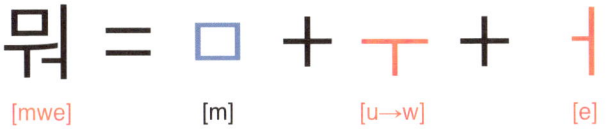

뭐 = ㅁ + ㅜ + ㅓ
[mwe]　　[m]　　[u→w]　　[e]

「뭐」是初声[m]、第一个母音「ㅜ[u→w]」和下一个母音「ㅓ[e]」组合成的。就是「ㅁ[m]+[u→w]+ㅓ[e]」标记成为「뭐[mwe]」。

뭐할까 mwehalgga（做什么呢？）

위험 wihem（危险）

귀고리 gwigoli（耳环）

웹하드 weiphadî（网络硬盘）

合成母音 의

　　由「—[ĭ]」和「ㅣ[i]」组合成「의」，发音时，先发「—」，然后迅速滑到「ㅣ」。

의 = ㅇ + — + ㅣ
　　　[ĭ]　　　-　　　[ĭ]　　　[i]

의사 ĭisa (医生)

우리의 미래 wuliĭi milai (我们的未来)

2 合成子音文字

(35)

　　韩国文字中有像「값」、「닭」一个字里含有两个子音的情况，这种情况只出现在收音位置上，而且两个子音中只有一个发音，另一个不发音。大体上可以遵循下面的规则。

값 [갑] gap 价钱

닭 [닥] dak 鸡

기름값 gilīmgap（油价）

닭다리 dakdali（鸡腿）

读左边的文字

	发音的收音	例
ᆬ · ᆭ	ㄴ [n]	앉다[안따] andda 않다[안타] anta
ᆶ	ㄹ [l]	앓다[알타] alta
ᆹ	ㅂ [p]	값[갑] gap 없다[업따] epdda
ᆲ	ㄹ [l]	떫다[떨따] ddeldda

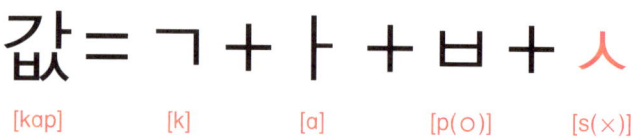

값 = ㄱ + ㅏ + ㅂ + ㅅ

[kap]　　[k]　　[a]　　[p(○)]　　[s(×)]

앉다 andda (坐)

없다 epdda (没有)

读右边的文字

	发音的收音	例
ㄹㄱ	ㄱ [k]	닭[닥] dak 흙[흑] hīk
ㄹㅁ	ㅁ [m]	삶[삼] sam 앎[암] am

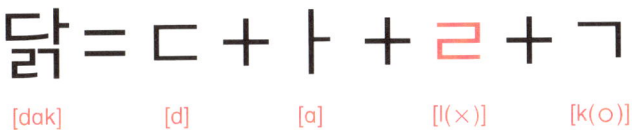

닭 = ㄷ + ㅏ + ㄹ + ㄱ

[dak]　　[d]　　　[a]　　[l(×)]　　[k(○)]

흙침대 hīkcimdai (土床)

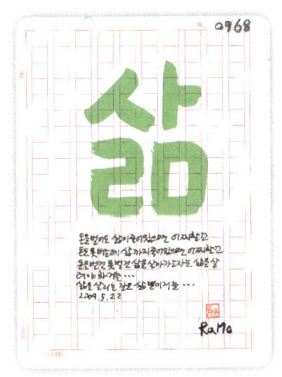

삶 sam (生)

　　但，如果合成收音的后边出现以母音开头的文字（实际上母音前面会有一个不发音的ㅇ）的话，合成子音中的第二个子音会发生连音化现象，即和下一个音节的母音连在一起发音。例如：

값이 [갑시] gapsi　价钱是

맑은 날 [말근 날] malgĭn nal　晴天

누구 없어요 nugu epseyo（有人在吗）　　맑은 날 malgĭn nal（晴天）

第 **7** 章

语音变化现象

韩语的每个子音和母音都有自己的音。但是在实际使用中往往会受到前后音素的影响而变成另一个音，或不发声，或添加某些音。这种现象是语音的变化，即音变。

音变的情况多种多样，但主要掌握以下使用频率较高的几种就可以了。

① 连音现象

有收音(ㅇ,ㅎ除外)音节后面如果出现以母音开头的音节，该收音便移到后面的音节上，与之读成一个音节，这就是连音现象。

놀이 [노리] noli 游戏
국어 [구거] guge 国语

놀이 noli (游戏)

국어 guge (国语)

但，收音是字母[ㅇ, ㅎ]，不发生连音现象。

종이 [종이] jongyi 纸

빙어 [빙어] bing'e 冰鱼

 收音脱落现象

37

收音ㅎ(ㄶ, ㅀ)后面如果出现以母音开头的音节，ㅎ脱落不发音。

좋아 [조아] jo'a 喜欢，不错

싫어 [시러] sile 讨厌

많이 [마니] mani 多

좋아 jo'a (不错)　　　　　싫어 sile (讨厌)

새해 복 많이 받으세요
saihai bok mani bat'īseiyo (新年快乐)

③ 送气化现象

🎧 38

　　送气化是指子音 ㄱ,ㄷ,ㅂ,ㅈ 与 ㅎ 相连时，缩成送气音
ㅋ,ㅌ,ㅍ,ㅊ 的现象。

ㄱ, ㄷ, ㅂ, ㅈ + ㅎ → ㅋ, ㅌ, ㅍ, ㅊ

ㅎ + ㄱ, ㄷ, ㅂ → ㅋ, ㅌ, ㅍ

축하 [추카] cuka 祝贺

급하다 [그파다] gīpada 急迫

많고 [만코] manko 多

많다 [만타] manta 多

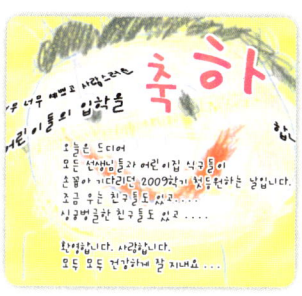

축하 cuka（祝贺）

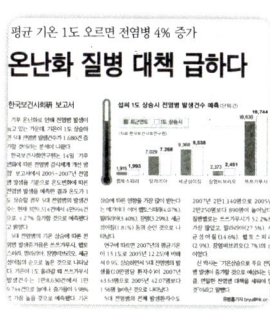

급하다 gīpada（急迫）

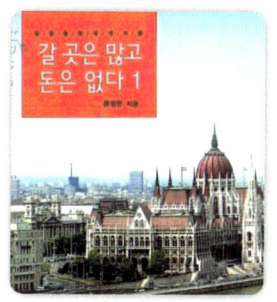

갈 곳은 많고
gal goεīn manko（想去的地方多）

많다 manta（多）

memo

memo

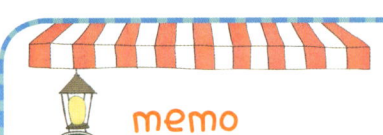

memo

memo

memo

memo